Encontre-se

Fauno Mendonça

Encontre-se
Fauno Mendonça
2ª Edição

preparo de originais: Fauno Mendonça
projeto gráfico: Editora Motres
revisão: Jefferson Azevedo
ilustração: Telma Alves

CIP BRASIL — CATALOGAÇÃO NA PUBLICAÇÃO

M539E	MENDONÇA. Fauno, —
	Encontre-se/Fauno Mendonça. 2ª edição / Brasília - DF. Edição do autor, 2019.
	102 p.; 14,8 x 21cm
	ISBN 978-65-5001-019-5
	1. Literatura Brasileira 2. Pensamentos 3. Miscelânea I. Título.
CDD B869.93	CDU 155.2-869.9

Printed in Brazil

Dedico estes escritos às nossas buscas mais profundas.

O autor

SUMÁRIO

LUZ DE VELA

Luz de vela. Rogo para enxergar meu presente, acalentar meu passado e iluminar meu futuro! Todos precisam de luz para ter seu caminho bem traçado, delimitado pela paciência e fortalecido pela esperança. Não adianta pensar que caminhamos sozinhos. A luz, seja ela seu verdadeiro sonho ou um sopro amigo, sempre deverá estar presente para te ajudar a buscar a felicidade. Os males não podem fazer parte de suas metas. Somos fracos demais para carregar em nossos ombros sentimentos nefastos. São pesados demais. Tenha humildade e aceite a sua verdadeira luz, mas antes procure a paz, pois, sem isso nada terá sentido!

OLHAR DISTANTE

Quais segredos e mistérios estariam ao redor daquele olhar que parece não ter fim? Em verdade, sempre existirão questões para as quais nem sempre haverá respostas prontas. Não existe caminho absolutamente certo. Pena que nem todos conseguem entender isto. Desnudar outros planos é trabalho árduo e paciente. Então, se não consegue compreender essa busca, simplesmente respeite-a e deixe que o olhar distante mantenha sua inércia no infinito.

O PASSADO

Não adianta evocar o passado com sentimento negativo. Aquilo que ficou para trás não tem retorno. Suas máculas já foram postas para sempre no tempo presente. Mas, talvez, as suas consequências possam ser mudadas. E os custos desses reparos, só aqueles que erraram poderão verdadeiramente assumi-los para acalentar as intempéries do pretérito.

O TEMPLO DA LUCIDEZ

A busca por entendimento é algo infinito e glorioso, mas muitos não querem traçar o caminho da iluminação. Talvez, então, fosse interessante construir o Templo da Lucidez para alertar aos incautos acerca de sua ignorância, bem como mostrar que buscar a pureza lúcida é um caminho de esplendor. Entretanto, como ainda não há um templo físico dessa natureza, o melhor a fazer é indicar aos estúpidos que ele já existe em seus corações.

O EXCESSO DE LUZ

Alguns pensam que pensam, mas vivem nas trevas da ignorância. A clareza da verdade, o excesso dessa luz, cega aqueles que não querem ver o óbvio. Os seguidores de ideologias, os fanáticos por religião, dinheiro, dentre tantos outros prazeres hedônicos padecem desse mal. Não conseguem ver que são vassalos de sistemas que não buscam a verdade, mas apenas seguem falsas realizações. O mundo sempre foi contaminado por esses pensamentos tortos. Alguns deles destruíram sociedades. Mas parece que a humanidade não aprende, porquanto esses loucos ainda continuam existindo em cada canto escuro do mundo, disfarçados de sábios.

SÓ O PRESENTE EXISTE

Quase ninguém percebe, mas não há futuro ou passado, mas somente o tempo presente. O futuro é apenas uma expectativa e o passado ficou nas névoas das lembranças. Só o presente existe! Só atingimos o sonhado futuro porque estamos no presente. Presente de Deus, presente da vida. Por isso, cada segundo torna-se fundamental para a nossa felicidade. A exagerada busca por tempos inexistentes destrói a possibilidade de contemplar nossa efêmera vida.

A LOUCURA DA RAZÃO

Não raro a loucura se encontra na própria razão. Não pense que no mundo da lógica pura a loucura não esteja presente! Lembre-se, não somos seres amorfos da matemática. Somos corpo, alma e mente. A razão desprovida desses elementos transforma-se em loucura em estado bruto.

AS EMOÇÕES

As emoções não têm limites. Não há como mensurá-las. O amor, a paixão, o ódio, a felicidade etc., modulam-se conforme as situações. Em determinados momentos e circunstâncias essas emoções tornam-se menos ou mais intensas. Mas, definitivamente, não são limitadas nem poderão ser medidas. Não estão no rol da lógica dos homens, apenas da lógica de Deus. Há aspectos do universo que também não são mensuráveis, não se submetem à matemática que conhecemos. As emoções e os segredos do universo não são contados, apenas sentidos como sentimos a luz da noite cair do infinito.

CONGELADOS NA LOUCURA

Há momentos em que a loucura torna-se rainha das atitudes, mesmo para aqueles que estão na plenitude de suas faculdades mentais. A loucura causa lapsos que afastam da correta direção. Provoca insensatez que atrai desgraças. Todos estão sujeitos às intempéries da loucura. Temos que vigiar. Só isso, vigiar. Exceção, ela pode congelar-se em um mero instante e atrair consequências malévolas para o resto da existência.

A VIDA É UM LAMPEJO

O universo em seu tempo infinito nos mostra claramente o aspecto efêmero da vida. Tudo é muito célere. E antes mesmo de notar quais as paisagens que estão se passando no compasso de passos inconstantes, a senhora senil chega e nos indica o rumo final. É assim, a vida é apenas um lampejo de caminhos e paisagens, um brilho momentâneo.

AS ESCOLHAS

Escolher um norte é complicado, para não dizer difícil. Mas não há como deixar de escolher. Escolher é necessário a fim de continuar a jornada terrena. Entretanto, quando se tem lucidez e comunhão com as energias do universo, as escolhas tornam-se mais claras. O erro é minimizado e o caminho fica mais suave para seguir em frente. Na turbulência da vida não há como fazer boas escolhas. No sossego da alma as escolhas serão sempre as melhores. Escolha, tenha coragem e busque o momento oportuno. Siga seu verdadeiro caminho.

CONVALESCENTE DA LOUCURA

Não raro encontramos pessoas que adormecem em um abismo sem ao menos perceber sua condição. O tempo disseminado no cotidiano fecha seus olhos para sua realidade nefasta. Ficam doentes aqueles que não buscam sua verdadeira essência, tornando-se sonâmbulos inconscientes. Ficam doentes aqueles que não procuram na força do universo a visão para encontrar-se com Deus. Ficar doente não é nada difícil, mas se convalescer da loucura imposta pelo mundo é tarefa árdua e duradoura. A busca destemperada sem ter fortaleza na alma apenas nos leva a lugares lúgubres, fleumáticos e doentios.

SONHOS PRÓPRIOS E ALHEIOS

Não queira você transformar sonhos próprios em sonhos alheios. Cada pessoa tem sua história e expectativas diferentes. Sonhos são peculiares a cada criatura. São criações de corações distintos, oriundos de mundos diversos e distantes. Nem sempre seu sonho bom será o caminho onírico de outrem. Aquilo que é excepcional para uns pode ser desagradável para outros. Porém, por simples egoísmo, nem sempre essa regra básica é lembrada por grande parte daqueles que estão próximos uns dos outros. Deixe os sonhos alheios florescerem. Quanto aos seus, cuide deles e guarde-os só para você.

A IGNORÂNCIA E A LOUCURA

Não raro a ignorância ser confundida com a loucura. Ambas são coisas distintas. Na ignorância a ausência de informações deixam as pessoas cegas para a realidade e na loucura a cegueira é constante e aleatória. A realidade para o louco não faz parte de nossa existência. Nela não há escuridão, mas uma forte luz para uma falsa verdade. Já para os ignorantes, a realidade está na escuridão, a qual não é possível enxergá-la por ausência do querer. O ponto comum entre o ignorante e louco é inexistência de dor. Ambos apenas provocam dor.

EXISTÊNCIA PARADOXAL

Há fatos que não são compreendidos inteiramente, apenas acontecem deixando consequências sem fim. A morte faz parte desse rol. Apesar de ser um fato, não é entendida em sua essência, porém, deixa muitas consequências neste mundo terreno. Não para o morto, por óbvio, mas para aqueles que terão que conviver com a morte. Estranho, mas a morte passa a ter uma existência paradoxal. Ela não se resume na ausência, resume-se nas consequências deixadas. Essas, sim, prevalecerão, porquanto estarão presentes.

A INÉRCIA DA MORTE

Sobre a morte há teorias, conceitos e crenças. Entretanto, ninguém sabe o seu real significado. Talvez ela seja inerte. Talvez apenas deslize no vácuo pelo simples fato de ter sido um dia empurrada pela vida. Se não fosse esse impulso, manter-se-ia estática no nada. Não sabemos, não vamos saber e mesmo que alguém muito convicto defenda suas posições acerca do tema, sempre haverá uma voz ressoando para confundi-lo. Em verdade, para a decepção de muitos, a morte não será desvendada neste plano nem será compreendido aquilo que existia antes da vida. Somos pequenos demais para entender muitas coisas diante da complexidade do universo. Por isso, nunca é demais cultivar a humildade.

ARTE GÓTICA

A arte, de forma geral, mostra aquilo que existe na essência do ser humano. A arte gótica não foge à regra. Entretanto, não é uma arte do obscuro, ela apenas passa pelas sobras para buscar lucidez. Não fica estática no transe da escuridão. A vida e a glória são enaltecidas nesse mundo de descobertas.

SENHOR DOS VALORES

Entender o passado e ter uma leitura lúcida do mundo contemporâneo torna o ser humano mais capacitado para buscar realizações futuras. É notório que os valores e os conceitos mudam com o passar dos anos, séculos, etc. Entendê-los diante de cada tempo nos afasta das loucuras daqueles que se trancam em redomas. Portanto, o tempo presente não necessariamente deve ser o senhor dos valores, nem se pode glorificar algo que esteja perdido em um anacronismo temporal.

AS FASES DA VIDA

A vida antes dos vinte anos é de mera formação com visão em um futuro. Dos vinte aos trinta é a fase da sobrevivência e dos sonhos. Dos trinta aos quarenta, as conquistas são preocupações constantes. Dos quarenta aos cinquenta, momento de ajustes. Após os cinquenta, a vida vai se transformando em algo sem viço, mas com maior harmonia. Os valores mudam, tornam-se mais lúcidos, as perspectivas também. A vida vibra mais valiosa. A futilidade some no passado. O ocaso já está apontando...

AS CONSEQUÊNCIAS DO NOVO

O mundo contemporâneo está sofrendo enormes mudanças. Paradigmas são quebradas e novos conceitos são criados a cada instante. São tantas tecnologias inovadoras que as pessoas se perdem. As novidades não são mais novidades, são apenas mais uma criação. Nesse turbilhão caótico, quase todos estão esquecendo de refletir se tudo isso pode ser utilizado em detrimento das relações pessoais. Estão esquecendo de que o contato humano tem como fonte a simplicidade. Essa insanidade pode causar enormes problemas, tanto para as gerações em formação quanto para as vindouras.

O ESTRESSE

Não há dúvida de que o estresse é algo positivo, já que o corpo e a mente em situações excepcionais necessitam desse fator para poder criar energia a fim de suportar determinadas situações. Entretanto, o estresse em excesso é muito nocivo, atinge negativamente a concentração, as funções orgânicas, o humor, causando outros tantos males à mente e ao corpo. O excesso de estresse não chega de forma rápida. Como um vento franco, chega lentamente, mas em pouco tempo poderá tornar-se uma tempestade. O acúmulo de estresse é muito grave. Os seus efeitos são catastróficos. Por isso, não hesite, lute contra esse mal. Não siga o caminho da busca dos loucos. Faça exercícios, tenha amigos, não se importe com coisas pequenas, tenha planos plausíveis para sua vida, não se cobre demais e tenha fé. Procure caminhar para seu verdadeiro rumo. No mundo do estresse não há soluções lúcidas.

A LOUCURA INVISÍVEL

Quando as pessoas são acometidas por algum transtorno mental não conseguem enxergar os próprios problemas e suas soluções. São sintomas invisíveis que apenas os outros conseguem visualizar com maior nitidez. Transtornos mentais em razão de distúrbios de hormônios, substâncias tóxicas ou por outros diversos fatores, normalmente invadem a vida de forma lenta e gradual, tornando-se invisíveis, transformando-se em um tipo vulgar de loucura. Mesmo no mundo empírico, nota-se claramente que muitas pessoas ao nosso redor estão doentes, sofrendo de depressão, transtorno obsessivo compulsivo, ansiedade, personalidade narcisista e tantos outros desequilíbrios mentais. Então, cuide-se e peça ajuda quando perceber que alguma coisa possa estar fora do compasso. Não deixe que a loucura invisível tome conta de sua mente, de sua alma. Não viva a busca dos loucos!

OS CONFLITO DE RUMOS

O ser humano vive em um mundo de conflitos. Toda criatura quando acorda tem seus dilemas, não há como fugir dessa realidade. A grande questão é a escolha correta do caminho. Como defini-lo, como entendê-lo, sobretudo, como vivenciá-lo. Essas questões, para aqueles que as perseguem um dia, mesmo após ter perdido muito tempo, terão suas respostas. Talvez seja meio tarde, mas talvez ainda dê tempo de apreciá-las. Mas o mais importante é sempre lutar para encontrar a vereda real para viver a glória. Então, procure, rogue para encontrá-lo, porque se isso for descoberto ainda na juventude, a vida será canalizada para rumos maravilhosos. E mesmo que o frescor juvenil tenha passado e as forças estejam abaladas, a alma ficará mais agradecida com esses lampejos de lucidez.

O EGOÍSMO

Nem sempre os bons sentimentos povoam as mentes das pessoas. Vigiar os males e ter consciência de que somos tentados são buscas necessárias para a evolução de nossas almas. Sentimentos negativos devem ser extirpados e sempre que o egoísmo invadir algum canto de sua vida, faça uma simples substituição e o transforme em altruísmo. Esse sentimento de Deus trará a paz necessária para te dar uma vida plena. Sempre entregará ao seu remetente um caminho de luz.

OS LIVROS

Os sonhos nem sempre estão ao nosso alcance, mas os livros podem nos levar a lugares inimagináveis, além das nossas possibilidades. Quando a leitura tem fluência, a vida alheia torna-se uma vida própria. Há uma simbiose de emoções. Mas o mais importante, a mente fica alerta e aberta para novas buscas, novos conhecimentos. Então, por óbvio, os sonhos impossíveis se tornam mais palpáveis. Os livros expandem os desejos próprios e alheios.

O INESPERADO

Apesar da vida ser curta, coisas inesperadas acontecem por diversas vezes nas veredas de nossa existência. Aquele que não estiver em sintonia com as forças do céu terá problema para adaptar-se ao novo rumo, mesmo que isso seja absolutamente positivo. Quando alguma coisa abrupta ocorre, as antigas buscas se alteram, os conceitos se transformam. Nem todos têm estrutura suficiente para essas rápidas mudanças. E se o inesperado transformar a vida em algo insuportável, deve-se ter consciência de que não somos apenas matéria, mas muito mais do que isso. Só com essa visão o caminho poderá continuar em suas linhas retas.

A PRESSA

Não adianta correr além do ritmo da vida. Não raro vê-se pessoas lutando contra algo que não existe. Essas lutas insanas podem ser paralisadas pela calma e pela reflexão. Criamos monstros diante da celeridade imposta pela pressa. Por isso, a construção do bem estar deve ser paulatina e gradual, sem pressa, mas com um forte objetivo em mente. A vitória é uma mera consequência dos passos bem dados em seu tempo certo.

A ORATÓRIA

A oratória domina o mundo. Não é exagero dizer isso. Grande parte das personalidades que mudaram a história da humanidade tinham por característica principal o dom da palavra. Alguns a usaram para tentar destruir o mundo, outros para construir um mundo novo. Adolf Hitler e Jesus Cristo são, respectivamente, exemplos dessa realidade. Ambos tinham a segurança, a informação, a confiança e o carisma ao comunicar com as pessoas. Mas não basta ter somente essas qualificações, o mais importante é o conteúdo da oratória. Jesus Cristo delineou a busca da verdade, já Hitler a falseou. Por isso, somente as palavras ditas verdadeiramente vivem para a eternidade. Já a oratória ao lado dos loucos, mesmo poderosa, apenas sobrevive por breve período.

LUZ DAS TREVAS

O mundo da escuridão deve ser cultivado para que seja ouvida a voz do silêncio. O vago deve ser cultivado para que a criatura se encontre. Mas nem todos têm consciência de que o encontro com a lucidez ocorre no vazio, já que no tumulto dos pensamentos apenas as respostas comuns chegam à tona. Em verdade, por ignorância, as pessoas deixam seus nortes perderem-se em meio ao caos. Não conseguem enxergar luz nas trevas nem absolver a luz das trevas. A força divina existe em qualquer lugar, sobretudo, no silêncio e na escuridão.

CLAUSTROS

Não seja aprisionado por si mesmo nem deixe que as redomas do mundo criem forças para destruir sua liberdade. A vida é carregada de fugas que são verdadeiramente prisões abertas, as quais fecham os corações e as mentes. Por isso, solitário e silenciosamente, vigie a clausura ao seu redor. Lute contra as ilusões e as falácias que estorvam seu verdadeiro caminho. Liberte dos claustros.

AS DÚVIDAS

As dúvidas sempre estarão ao nosso lado enquanto houver vida. Faz parte de nossa passagem neste mundo terreno, faz parte do fluxo natural dos seres humanos. Mas será que existe alguma forma de eliminá-las de nossos caminhos? A resposta é muito simples: não. Elas são dádivas de nossas almas a fim de nos ajudar a buscar o melhor. Não devem ser amaldiçoadas. Ao contrário, dão sinais para que tudo ocorra bem. Seja humilde, aceite-as e tenha em mente que suas escolhas terão consequências. Então, respeite-as e procure quietude em seu coração para que as respostas possam encaixar no eixo de sua harmonia.

ABISMO DE TORMENTOS

É comum as pessoas acharem que estão vivendo tormentos pessoais, mas, na maioria das vezes, isso não passa de sombras de sua ignorância. O sofrimento advém, normalmente, da falta de leitura mais apurada daquilo que acontece ao seu redor. O cerne desse caos é a ausência de serenidade. Isso, sim, é uma das principais causas de infortúnios. A paz sempre deve ser cultivada, porquanto somente por intermédio dela pode-se ouvir as vozes da intuição e da razão. Quando há equilíbrio, a loucura não adentra nas respostas perseguidas. Os abismos de tormentos diminuem.

OS DESEJOS

A vida vai passando e ao seu lado os desejos vão sendo vislumbrados. Nem sempre realizados. Alguns alcançam e outros ficam apenas no mundo das tentativas. Outros tantos nem tentam, apenas sonham acordados. O desejo de obter alguma coisa para satisfazer a alma, o corpo e a mente, sempre nos persegue. Então, a grande questão resume-se em como alcançá-los. Definitivamente, não há fórmulas prontas. Devem ser criadas por você. O universo é abundante. Entretanto, há uma norma básica a ser seguida: "não basta somente desejar, mas desejar que o desejo se torne realidade".

NÃO CULPE O TEMPO

O sonâmbulo, filho do frenesi contemporâneo, afirma "não ter tempo". Mas o tempo está disponível a todos. Ele é onipresente e onipotente. Não há como "correr contra o tempo ". Nós apenas passamos por ele. É estático e impávido. Mesmo assim, querem desafiar o tempo. Tornam-se doentes, por óbvio. Ele é maior e mais poderoso. Não lute contra o tempo. Lute contra as preocupações excessivas e os objetivos mal traçados. Torne-se mais leve. Não culpe o tempo.

O RACIOCÍNIO DA LOUCURA

Não raro os atos dos loucos são providos de excepcionais raciocínios. A loucura desses infames tem começo, meio e fim. Nunca a subestimem. Atrai não somente os ingênuos e os neófitos, mas também os lúcidos e os desconfiados. No início suas promessas são reais e plausíveis, causando grande conforto à alma. Logo em seguida mostra um caminho possível, porém, como toda falácia não se sustenta, o fim é trágico. Os castelos de areia caem e as desgraças emergem abruptamente. Eles ultrapassam todos os limites do ponderável e nos mostram como somos suscetíveis à loucura humana.

CONFRARIA DOS ESTÚPIDOS

Desde os primórdios do mundo sempre houve aqueles que pensam que são deuses em forma de homens. Que, apesar de sua condição humana, estão além dela. Não conseguem entender que estão sucumbidos pela arrogância. Não percebem que são frutos da ausência de valores básicos. Normalmente, essa cegueira atinge os "cultos". Eles esquecem que o conhecimento formal é muito pouco para domar o espírito e a boa educação. São arrogantes perdidos em um limbo de estupidez. Fazem parte da confraria dos estúpidos.

O HORIZONTE

Muito comum as pessoas procurarem quimeras impossíveis. Alguns desejam tocar o horizonte apesar de saber que não há como alcançá-lo. Esse desejo deve ser apenas um sonho bom, uma visão enigmática de nossas buscas. Mas, lamentavelmente, essa leitura nem todos têm. Não conseguem entender que existem sonhos não plausíveis.

OS FALSOS VALORES

O estímulo sem controle de uso de mídias está causando doenças silenciosas, provocando drásticas rupturas, porquanto os verdadeiros valores estão relegados ao esquecimento. Atualmente, para muitos, é preferível manusear um tipo qualquer de máquina tecnológica a participar de uma simples conversa ou apreciar o pôr do sol. A geração da era da mídia totalitária está asfixiada por falsos valores.

SOMBRAS ENGANADORAS

Iludem-se aqueles que pensam ser as sombras um mero refúgio. Há muitos falaciosos que se disfarçam de sombras para converter pessoas frágeis em ovelhas mansas. Abusam da ingenuidade das criaturas a fim de vampirizá-las. Oferecem conforto imediato, mas querem apenas ser confortados. São sombras enganadoras, seres egoístas que se apresentam para dar falsas esperanças aos fracos e aos perdidos. São almas vazias que procuram apenas ser saciados em detrimento da energia alheia.

RAZÃO E ALMA

Os conhecimentos oriundos da razão e da alma são paralelos, porém, distintos. A razão tem sua origem básica na educação formal. Aquilo que se aprende de maneira mais metódica. Já os ensinamentos da alma são inerentes à condição humana. Estão muito além do próprio pensamento lógico. A razão é basicamente humana, enquanto que as benesses da alma são oferecidas pela força do universo, pelo divino. Precisamos de ambos para nos tornarmos mais eficientes e felizes nessa efêmera passagem por este plano.

MEDO DA VERDADE

A verdade e o medo caminham paralelamente. E muitos por covardia têm medo de olhar para a verdade, porquanto não querem sentir medo. Entretanto, não há como esquivar da verdade e do medo. Esses elementos sempre rondarão as almas daqueles que procuram subterfúgios para não enfrentá-los. Na vida o combate é necessário. Não exercê-lo nos leva a conviver no limbo, em um mundo sem cor. Ao medo lhe dê a boa verdade para enfraquecê-lo. E à verdade lhe dê um pouco de medo para poder enfrentá-la com mais força. Ao lutar pela verdade haverá a desconstrução do medo.

A IMPOSIÇÃO DO AMOR

Alguns não percebem, mas o mundo vive para o bem ou para o mal sob a imposição do amor em sua forma ampla. Por mais paradoxal que seja, não somente os atos de benevolência estão vinculados ao amor. Os atos de maldade, muitas vezes, fazem parte disso. Grande parte das discórdias terrenas giram em torno desse sentimento. Nesse diapasão, o amor rege quase tudo, e para defendê-lo tragédias acontecem. O amor próprio ou coletivo quando não ponderados causam severos problemas. Se não houver respeito ao próximo, defender o amor a qualquer custo pode ser um ato de mera covardia.

A FELICIDADE

Ao procurar a felicidade as pessoas nem sempre dão passos idôneos. Esquecem das coisas simples, dos interesses alheios e de seus verdadeiros valores. Focam suas buscas apenas naquilo que é imposto pela sociedade. E ao vislumbrar a fadada "felicidade" não sabem como usufruí-la, porquanto suas atitudes anteriores foram desconexas com sua alma. Os reais sentimentos foram perdidos no tempo em detrimento de outros que nunca deveriam ter sido perseguidos. E a tão almejada felicidade alcançada torna-se algo infeliz.

NAS TREVAS DA IMORALIDADE

Desde os primórdios da humanidade, seres falaciosos usam a moral para esconder seus males. É triste ver pessoas praticando atrocidades de toda natureza e, ao mesmo tempo, alardeando princípios morais. Ao falar os elevam ao zênite, mas ao praticar seus atos esquecem desses princípios. Tudo isso deixa evidente quão díspares podem ser o dizer e o fazer. Quem pratica tais atitudes são seres que se escondem nas escuridão da imoralidade. São imundos.

BUSCAR

Buscar deveria ser o verbo melhor avaliado de todas as línguas. Buscamos sempre, faz parte da rotina humana. Esta palavra é tão importante como o verbo respirar, pois em todos os momentos buscamos sobreviver de alguma forma. Nos pensamentos sempre há uma busca para achar soluções. O próprio amor muitas vezes precisa ser buscado. E quando as buscas terminarem, certamente a vida já não existirá, mas enquanto houver vida, buscaremos...

O BEM SUPREMO

A vida é uma dádiva. Alguns falam ser uma dádiva de Deus, outros falam ser uma dádiva da natureza. Explicações não faltam para tentar compreendê-la.

Entretanto, o mais importante é entender que trata-se de um bem supremo. Não só a vida do ser humano, mas a vida em seu sentido integral. Mas, lamentavelmente, por ganância e estupidez, esse bem não está sendo cuidado como deveria. As consequências disso já são e serão ainda mais catastróficas. Quem não cuida perde! Essa é uma das regras básicas da vida.

OS PROPÓSITOS DA ESTUPIDEZ

Quais são os propósitos da estupidez? Na realidade, por mais contraditório que seja, os propósitos da estupidez são positivos. Visa praticar algo positivo para alguém. Entretanto, como a estupidez é negativa, então, suas consequências, por óbvio, serão negativas para todos. Portanto, se conclui que a estupidez tem propósitos positivos com efeitos negativos. Assim, não há dúvida, a desgraça maior é o estúpido com atitude, já que ao praticar algo só produz coisa negativa.

A PERSUASÃO DA MENTIRA

A verdade nem sempre é aceita pelas pessoas, porque para entendê-la lhes custa muito. Muito trabalho, estudo e paciência. Já mentira é fútil e não necessita de árduas ponderações. Seu entendimento é corrente. Não há compreensões complexas.

Os fundamentos da mentira são frágeis, e os da verdade são sólidos, mas como as pessoas tendem a preferir o fácil ao difícil, a mentira prepondera. Tem mais persuasão. Os vigaristas sabem disso.

O EMPÍRICO E O CIENTÍFICO

Não basta somente ter conhecimento formal e uma severa erudição para ajudar a construir um mundo melhor. É necessário ter sensibilidade comum e um senso crítico bem postado. Manter-se distante do conhecimento empírico, por entender ser inferior ao científico, demonstra somente arrogância. O avanço das relações humanas e da tecnologia ocorre na interseção do real e do abstrato, do empírico e do científico.

A LÚCIDA LOUCURA

A lucidez e a loucura andam próximas. Há apenas uma linha tênue que as separa. Diferenciá-las não é tarefa tão fácil, porque aquele que faz algo extraordinário fora de seu tempo, aos olhos dos leigos não passa de um louco. E mesmo sendo taxado de forma pejorativa continua seu caminho visionário. Essas criaturas geniais vivenciaram e continuam dando brilho à lúcida loucura. São eles que transformaram e continuam mudando o mundo para melhor.

OS FALSOS DEMENTES

O demente é um ser quase irracional, não tem completa consciência daquilo que faz. Entretanto, muitos entram no eixo da demência para praticarem atos de egoísmo. São criaturas do mal que usam as doenças para se esconderem. Afirmam ser doentes, mas apenas adoecem outras pessoas com sua maliciosa torpeza.

AO MEU PAI

No dia 20 de novembro do século passado nascia no Brasil, na cidade de Santa Cruz de Goiás, meu pai. Nem preciso ficar dizendo isso ou aquilo, pois quem o conhece sabe de seus adjetivos. Mas pelo menos dois eu não posso deixar de dizer: respeito ao trabalho e benevolência para com o próximo. Todas as suas atitudes sempre foram e são regidas por esse prisma. É isso, advogado Laerte Mendonça, eu sei que você sempre advogou as causas alheias em todos os sentidos. Trabalhou e continua com muita energia trabalhando para aqueles que estão ao seu redor. Seu exemplo de vida me dá extremo orgulho.

NÃO EXISTE DESTINO

As pessoas tendem a culpar o destino por seus fracassos. É lógico que existem variáveis a considerar. Quem nasce em um país civilizado, por exemplo, terá maiores chances de prosperar material e espiritualmente do que aquele que nasce em um país pobre. Mas partindo de uma premissa mais equânime, não existe destino. Existe estrada errada. Não culpe o destino, culpe suas escolhas.

OS MENTECAPTOS NO PODER

O mundo está doente. Os mentecaptos estão no poder em vários pontos estratégicos do planeta. Chegaram lá não simplesmente por suas qualidades, mas por suas desqualificações. Incrível, mas a estupidez tem seguidores e é ovacionada! Eles agem sem observar as futuras consequências de suas atitudes ignorantes. O imediatismo é seu argumento básico. Já não bastassem as dificuldades naturais da vida, temos ainda que enfrentar os idiotas. Um combate difícil e desigual, pois são muitos. E convencê-los de que estão errados é tarefa impossível.

AS CRISES

A existência humana sempre foi marcada por crises de todas as naturezas. Algumas mudaram o curso da história, enquanto outras apenas deixaram ensinamentos e fatos pitorescos. O caminhar de cada pessoa também tem o peso das crises, isso não é um privilégio de Reinos, Estados ou Nações. Superá-las faz parte de nossa jornada para alcançar um amanhã melhor.

A VERDADE E O DEVANEIO

Ter absoluta convicção de um tema pode ser um claro indício de devaneio. O devaneio tem a segurança dos loucos. Já a verdade tem a ponderação dos lúcidos. A verdade impõe limitações e indica possibilidades. Enquanto que no devaneio não existem limitações, só possibilidades. Definitivamente, a verdade e o devaneio encontram-se em mundos distintos, mas vinculados por aspectos que os mantêm muito próximos. Desvendá-los é uma tarefa complexa para os atentos. Os loucos não sofrem, já têm as suas respostas.

CASTELOS DO MAL

Vigaristas em nome do bem comum constroem seus impérios materiais sob o suor e a desgraça do povo. São doentes. Não têm consciência espiritual de seus atos. Seus pensamentos e espíritos estão muito aquém da paz que reina no mundo dos justos. São criaturas que vivem na escuridão da insensatez e jamais procuraram uma mera luz de vela para iluminar as suas torpezas. Também nem sabem que eles são os construtores dos castelos do mal fincados no inferno terreno. São seres perdidos que precisam ser vigiados.

REFÚGIO DOS MEDOS

A maioria das pessoas esconde-se de seus próprios brilhos. Vivem no limbo. Buscam a penumbra para meramente sobreviver, deixando de seguir seu real rumo. Nunca é tarde para se entorpecer de uma boa coragem e quebrar os grilhões. A sua luz não cega seus olhos nem os olhos alheios. Viver no refúgio dos medos nos torna mais distantes de Deus. Não viva o conforto dos comuns. Vá para o enfrentamento. Destrua sua prisão.

LUCIDEZ OU LOUCURA

O amor demasiado ofusca a razão e caminha rumo à loucura. Aos amantes vale tudo, eles entram em colapso mental e vivenciam outra dimensão. Talvez esse plano possa ser chamado de loucura. Mas talvez seja apenas um aspecto de lucidez bruta. De qualquer forma, para aqueles que estão fora da "razão", a vida passa a ser vista pelas lentes de sentimentos etéreos que dissipam-se para as glórias ou para os tormentos.

MEDO DA ESCURIDÃO

Nem todos têm coragem de enfrentar a escuridão que existe em seus corações. Mas para alcançar o olimpo terreno torna-se necessário superar os medos e emergir das trevas. Para vivenciar a luz é preciso compreender a escuridão. A fraqueza e a fortaleza são entendidas em suas disparidades. Encontre-se.

LACUNAS NA ALMA

Os bens terrenos e o ego humano podem provocar lacunas na alma. Não raro vê-se os abastados e os famosos infelizes. Muitos deles não conseguem usufruir dos verdadeiros valores que estão ao seu redor. Riqueza e fama não carregam o mal, porém, quando buscadas de forma incessante desviam as pessoas para longe daquilo que realmente precisam. Suas almas tornam-se vazias causando lacunas que os levam para o lado lúgubre da vida.

PALAVRAS OBLÍQUAS

As palavras deveriam ser ditas pela alma. Entretanto, comumente são ditas de forma oblíqua transformando-se em instrumento de dissimulação. As ardilosas palavras faladas pelos canalhas iludem os inocentes, criam sonhos alheios que jamais serão realizados. Mas as marcas nefastas desses atos ficam impregnadas nos sons do universo e reverberarão para sempre dentro da alma dessas criaturas perdidas.

LIÇÕES PASSADAS

Somos mortais. Viver eternamente seria um tédio. E quando saímos do mundo da criatura para o mundo do criador deixamos exemplos. Alguns deixam maravilhosos preceitos de vida. Outros apenas deixam seu rastro de maldade e fanatismo. Aqueles que ainda permanecem neste mundo ficam com os espólios dos que partiram. Porém, nem todos conseguem fazer a distinção de quem contribuiu para com a humanidade e de quem quis destruí-la. Nem todos entendem as lições passadas.

RAZÃO PREPONDERANTE

Compreender o mundo e ter uma visão correta de suas transformações são tarefas árduas. Isso demanda observação, estudo e equilíbrio. As paixões mormente atrapalham entender aquilo que de fato está ocorrendo ao nosso redor. Nessa busca infinita pela verdade e pela justiça em seu sentido amplo, a razão deve preponderar.

AFRONTE SUA ESCURIDÃO

Afronte sua escuridão. Enfrente suas misérias. Nem todos conseguem ver seus próprios defeitos e fragilidades, mas para caminhar rumo à sua verdade não há outro caminho a não ser lutar severamente contra esses gargalos. Siga a luz de vela que existe em seu coração e busque a plenitude. Só assim poderá afugentar os demônios que rondam o lado escuro da vida.

ENCONTROS

As pessoas passam por nós e nós passamos por elas. É simples, a vida é muito efêmera. Hoje alguém volta para sua verdadeira origem. Amanhã voltaremos para a nossa. No ínterim dessas voltas nos encontramos e o caminho vai sendo traçado. Nada é para sempre. Tudo é mutante. Talvez haja algum tipo de encontro fora de nosso mundo terreno. Porém, ninguém sabe, nunca soube nem saberá. Mas, se houver, eu digo com muita convicção, será muito diferente de nossos encontros por aqui.

SILÊNCIO ELOQUENTE

Não se pode esperar o silêncio dos mortos. Muitos daqueles que se foram continuam indicando direções. São ativos no presente e provocam transformações no futuro. Os pensamentos e os exemplos transcendem o tempo. A palavra verdadeira dita no passado ultrapassa as turbulências do tempo e indica o norte para o futuro. Ajudam os vivos e acordam aqueles que estão mortos em vida. O silêncio eloquente dos mortos sempre ressoará no mundo dos vivos.

SECRETA ANGÚSTIA

Existem possibilidades que são encobertas pelas pessoas. Elas não as compartilham nem as assumem. Tais segredos tornam-se uma secreta angústia que caminha ao lado de suas almas, causando feridas e desilusões. Há pessoas que levam esses sofrimentos para o túmulo, outras conseguem superar seus medos e libertam-se vivendo tudo aquilo que deveria ser vivido. Não existe destino, existe uma predisposição para assumir seus sonhos. Os corajosos não hesitam em vivê-los. Os fracos afogam-se em seus próprios tormentos.

REI ATEMPORAL

Pensamentos maliciosos de pessoas atrasadas no tempo transitam pelo mundo para destruir aquilo que foi construído com muita luta. Na realidade, alguns querem ser reis em detrimento de seus súditos. Essas criaturas nasceram no tempo errado. Eles não sabem que reis não existem mais, muito menos súditos. São crápulas ignorantes. Esquecem que nós somos iguais diante de direitos e deveres. Não há mais espaço para o egoísmo nem espaço para pensar que são melhores.

COGITAÇÕES MALÉFICAS

Cogitações maléficas saem do lado medíocre das pessoas. Por serem danosas, podem alcançar a individualidade de cada um ou até da coletividade, provocando abruptas rupturas e medos. Alguns são mestres em cogitar negativamente. São excelentes propagadores do caos. De quando em quando isso ocorre para desestabilizar a vida alheia. Como as fofocas, cogitar sem amparo da verdade pode causar sérias consequências.

EMOÇÕES

As emoções não têm limites. Nem há como mensurá-las. O amor, a paixão, o ódio, a felicidade, etc., modulam-se conforme as situações. Em determinados momentos e circunstâncias essas emoções tornam-se menos ou mais intensas. Mas, definitivamente, não são limitadas nem poderão ser medidas. Não estão no rol da lógica dos homens, apenas da lógica de Deus. Há aspectos do universo que também não são mensuráveis. E tal qual as emoções humanas não se submetem à matemática que conhecemos, as emoções e os segredos do universo não são contados, apenas sentidos como sentimos a luz da noite.

VELHA VERDADE

Não subjuguem o amor, nele a velha verdade prevalece. Tempos passam, tempos mudam, mas esse sentimento perpétuo sempre predomina, impulsionando a humanidade para sua renascença. Em dias incrédulos, o amor constrói a esperança, cria o viço da vida, transcende o ódio e a falta de confiança, amenizando o passado a fim de assegurar o presente. Ele ilumina o futuro. Por isso a humanidade ainda resiste às lástimas e aos infortúnios.

FIRMAMENTO INDELÉVEL

Cravar o olhar rumo ao céu é um caminho natural para aquele que está aflito. Esse olhar não vai ao encontro de um deus ocidental, vai ao encontro de si mesmo. É no tatear das trevas dos céus que se vislumbra a verdadeira segurança do ser. É na firmeza do mundo dos horizontes que se observa que a criatura humana é muito pouco significante, mas ao mesmo tempo há o entendimento de que ela faz parte de tudo aquilo. Por isso, o olhar se fixa no firmamento indelével a fim de compreender as razões de cada busca que maltrata a alma. Lá existe a segurança do infinito.

OS IMPERADORES DA IGNORÂNCIA

A ignorância faz parte da história da humanidade. É da essência do ser humano. E aqueles que distorcem a verdade por arrogância são coroados no império da ignorância. São convictos de ser a sua verdade superior ao conhecimento existente. Mas como combater esse mal? O passo primordial é ter humildade e vigiar.

MEDO DO ESPELHO

Alguns sentimentos são tão sutis que se escondem da razão. Nem todos têm coragem de olhar para si e afirmar que existem preconceitos a ser suprimidos, que existem medos a ser superados. Mantêm seus espelhos opacos para nunca olharem para sua essência. Quem assim age são seres que vivem na escuridão da existência. São incapazes de se libertarem das prisões que há em seus corações. Mire a luz de vela que ilumina a sua alma. Liberte-se dos grilhões.

O TEMPO URGE

Lutar contra o tempo é luta inglória. Portanto, aquela atitude a ser tomada deve ser realizada o quanto antes. Se possível, agora. É simples. Deixar para depois algo possível de ser feito é deixar de viver, porquanto o amanhã não nos pertence. Apenas o presente está entre nós. O tempo urge o tempo todo. Não apenas urge, mas sinaliza para que a vida pulse no presente.

SONHOS DELETÉRIOS

Sonhar é buscar a vida a ser vivida. Porém, existem sonhos deletérios que seguem caminhos tortuosos, os quais somente levarão às intempéries da existência. Sonhar é necessário, entretanto, deve-se sonhar com visão voltada para o horizonte das virtudes. Não se pode sonhar no âmbito das ambições exacerbadas e no mundo do egoísmo. Os reais e bons sonhos devem passar pelo altruísmo e pela verdade.

INTERPRETAÇÕES EQUIVOCADAS

De quando em quando há pessoas desperdiçando suas preciosas energias irritando-se e admoestando outras criaturas em razão de pequenas futilidades. Mas não se lembram de resolver os grandes problemas que de fato lhes causam empecilhos em suas vidas. Ficam contaminadas com coisas de menor importância e perdem-se nas futilidades. Vivem no mundo de interpretações equivocadas frente ao trivial. Tornam-se cegas e buscam caminhos errantes. Fazer as devidas distinções entre os verdadeiros valores e as pequenas inutilidades é a grande chave para alcançar a paz.

AS NUVENS CAEM

No toar da despedida final, o mundo torna-se turvo e as nuvens caem. Por força da natureza, a esperança é a última a dizer adeus para que o universo cumpra seu papel e nos leve de volta à unidade. Nesse ínterim, ocorre uma gradação de dores, cores e de compreensão que se perdem no horizonte. Suas tonalidades vão se alternando até o pulso final para transformar tudo isso em algo imaculado pelo infinito. Jamais iremos entender essa passagem, mas iremos passar por ela algum dia. Conscientes ou não, passaremos.

INSISTIR NO IMPOSSÍVEL

Querer construir algo novo buscando os mesmos caminhos é loucura. Não há como conseguir coisas diferentes usando as mesmas fórmulas. Não há como evoluir insistindo nas ideais que não funcionaram. Entretanto, mesmo diante desse quadro, insistir no impossível é o rumo certo de muitas pessoas que não conseguem olhar ao seu redor com maior esmero. Essa ausência de olhar faz a diferença entre o fracasso e a prosperidade. Entre a felicidade e a desilusão. Abram os seus olhos, libertem-se.

INSONES DA ESTUPIDEZ

Na ignorância muitas criaturas transformam-se em humanos insones da estupidez. Não ouvem, não enxergam, não pensam e pensam que pensam. Não entendem absolutamente nada daquilo que passa ao seu redor. São seres inconscientes que perambulam por pensamentos tortuosos e por leituras sem nexo da realidade. São seres perdidos e fadados a ajudar a construir um mundo pior.

SENTINDO O SILÊNCIO

O silêncio não precisa ser compreendido, apenas deve ser sentindo como se sente um vento lento. As palavras de Deus também não são compreendidas, somente são sentidas. O ressoar das palavras divinas caminham no silêncio, porquanto estão na mesma unidade. Afaste-se do caos e sinta o silêncio. Aprenda a encontrar a paz.

SONHOS FUNDADOS

Os sonhos também são fundados. Devem ser construídos com bases sólidas e com perspectivas de atingir as metas pretendidas a fim de impulsionar a vida. Eles não advêm do inexistente, do plano do nada. Brotam de algo plausível. Por vezes de um sentimento distante, mas possível. Portanto, para que uma quimera saia do mundo das buscas e adentre no espaço real é necessário que haja todo um processo de maturação. O universo igualmente trabalha de forma lenta e gradual para se transformar e atingir seus fins. Por isso, aos homens ele oferece apenas a dádiva da vida, mas sonhos prontos não lhes são entregues.

ESPAÇO DE INTERPRETAÇÕES

Vivemos no espaço de interpretações. Todos têm visões próprias acerca de atos e fatos. Entretanto, torna-se importante ressaltar que nem todos interpretam de forma semelhante. São valores, culturas e tantos outros fatores que conduzem a entendimentos distintos. Essas diferenças, comumente causam conflitos pessoais e até mesmo guerras. As interpretações devem seguir o bom senso, mas descobrir o significado de bom senso não é tarefa fácil. Na dúvida e no excesso de polêmica, apenas escute. Mas, no lugar certo e no tempo adequado, diga ao mundo tudo aquilo queria dizer.

TROFÉU DOS TOLOS

Ficar aborrecido por pouca coisa é o troféu dos tolos. As pessoas nem notam que se tornam cegas diante de pequenos entreveros. Esquecem de que não vale a pena sofrer por pequenas cóleras. Viver é tormentoso, mas a intensidade disso deve ser modulada pela serenidade. Esquecem das soluções simples e focam em problemas menores. Não lembram dos problemas maiores a resolver. A tensão se concentra em fatos sem importância e aquilo que alimenta a alma é esquecido. Quando isso acontece, todos veem aquilo que você não vê.

NÁUFRAGOS DE SOLIDÃO

Quando um relacionamento está caminhando bem parece que nada de excepcional está acontecendo, mas está! Imagine, então, a ausência de suas conquistas e concluirá que quem ainda não as conquistou são náufragos, possuem somente a esperança. São solitários, mas acreditam que irão sobreviver. Portanto, aos que não são náufragos da solidão, agradeçam e cultivem a boa semente.

A ARTE

A arte é um forte instrumento para entender o mundo. Ela busca a verdade. Procura em seus contornos mostrar às pessoas o mundo como ele é. Revela suas belas ou suas odiosas faces. Nela, comumente, não há métodos nem objetos definidos como nas ciências convencionais, pois a arte é livre como a alma humana e infinita como o universo. Desde que o homem começou a tecer seus primeiros raciocínios, a arte iniciou seu desenvolvimento. Não é por a caso que os ditadores temem os artistas.

FRAGILIDADE HUMANA

Somos frágeis. Entretanto, isso não é demérito. É apenas uma condição humana. A grande questão é ter consciência desse infortúnio e lutar contra isso. Quando se luta a fragilidade diminui. Nem todos têm coragem de lutar, de enfrentar os problemas. Portanto, para que a fragilidade não tome vulto, lute. Enfrente. Se isso ocorrer, a coragem se tornará mais musculosa para poder fragilizar a própria fraqueza.

IMPULSO DE LOUCO

Quase todos os dias temos impulsos de louco. Sim, somos meio loucos. O grande dilema foca-se em não ser tomado completamente pela loucura, porque ela sempre estará ao nosso lado. Quem não acredita nisso é completamente louco. Negar essa realidade óbvia é dar certidão de loucura. Não basta buscar a paz, é fundamental administrar a loucura, não somente a nossa, mas a alheia também. Essa velha conhecida vaga lentamente. É onipresente e não há tempo ou lugar onde dela possa se esconder. Havendo possibilidade, a intrusa entra em nossas vidas sem misericórdia.

SILÊNCIO ENSURDECEDOR

Diante de paredes caladas, quais são os segredos que ali podem rondar? O silêncio ensurdecedor de cada canto de uma casa talvez esconda palavras que deveriam ser ditas, mas que jamais foram pronunciadas por medo, estupidez ou ingenuidade. São tantas as estorvas, que acabam por desequilibrar muitos relacionamentos saudáveis. As palavras existem para explicitar os sentimentos mais profundos, superar conflitos e criar harmonia. Entretanto, quando não são usadas em seu tempo certo, elas perdem seu valor.

PERDIDO NO TEMPO

Há lugares em que o passado, o presente e o futuro são compreendidos e respeitados. Existem outros em que o passado é desconhecido, o presente não é entendido e, por óbvio, o futuro jamais será planejado. Essas são algumas das diferenças básicas de países prósperos diante de países atrasados.

INEFICÁCIA PRODUTIVA

Sim, o fracasso faz parte do processo. Não deveria fazê-lo, mas normalmente faz. A ineficácia de projetos é um fator a ser considerado na busca pelo objetivo final. Errar procurando acertar sempre traz algum tipo de aprendizado. Entretanto, errar com constância demonstra que o caminho está completamente errado. No processo de crescimento pessoal também é assim. Erra-se, mas os erros devem ser assumidos e corrigidos. Continuar trilhando o caminho do erro só demonstra arrogância e total ignorância diante da realidade. O erro corrigido irá indicar que a ineficácia foi produtiva.

A VERDADE LIBERTA

Não é novidade que a verdade liberta. Muitos e muitos já falaram isso. Por óbvio, é impossível conviver todo o tempo com essa autenticidade brutal. Isso tem suas razões, pois se a verdade sempre estivesse presente nos diálogos, o mundo seria muito conflituoso. Mas cultivar a verdade em seu sentido mais pragmático possível ainda é a melhor busca para interagir com as pessoas e com o mundo, porquanto o sentimento de libertação oferecido por ela é único. A verdade é insuperável.

QUEBRE O VAZIO

Não tenha medo das trevas. O vazio da escuridão precisa ser quebrado. Não viva na redoma do insuportável. Fuja e realize os sonhos não vividos. Não tenha medo do caos. Do caos nasce o silêncio e a harmonia. Esqueça aqueles rumos sem força no coração. Quebre o seu vazio. Encontre-se.